綿綿瓜瓞情

王 幻 著

文史哲詩叢

文史哲出版社印行

國家圖書館出版品預行編目資料

綿綿瓜瓞情 / 王幻著 -- 初版 -- 臺北市：
文史哲, 民 103.10
頁； 公分（文史哲詩叢；120）
ISBN 978-986-314-224-9（平裝）

851.486 103010817

文史哲詩叢 120

綿綿瓜瓞情

著 者：王 幻
出版者：文史哲出版社
http:// www.lapen.com.tw
e-mail：lapen@ms74.hinet.net
登記證字號：行政院新聞局版臺業字五三三七號
發行人：彭正雄
發行所：文史哲出版社
印刷者：文史哲出版社
臺北市羅斯福路一段七十二巷四號
郵政劃撥帳號：一六一八〇一七五
電話886-2-23511028・傳真886-2-23965656
實價新臺幣一八〇元
中華民國一〇三年（2014）十月初版

ISBN 978-986-314-224-9 09120

綿綿瓜瓞情

目次

風吹新綠滿園香

——王幻〈旭光〉讀後

謝輝煌

幻翁是傳統詩、詞和現代詩「一魚三吃」的長老級詩人，作品雖不多，但每一出手，往往就是一碟精美小品，可以供人品味個半天。像最近在本「壇」發表的《旭光》小詩，便像當年豐子愷筆下的充滿喜樂情趣而又有誇張、滑稽鏡頭的逸品。詩如下：

旭光

孫子是一顆
東升的旭陽
照亮全家人的目光

爺爺的眼睛
彷若向日葵
隨著旭光轉悠巡迴
奶奶的眼睛
彷若望遠鏡
對著旭光含笑歡迎！

這首詩，在形式上是，每節三行十八字，三行的字數分配是「五五八」，一、三行末字協韻。所以，外表就整齊清潔，簡單樸素。像一個訓練有素的部隊，正列隊接受統帥的閱兵，和中外嘉賓及全國同胞投射的目光。

在內容上，雖只寫老小三人，甚至可以說，只是在寫一個不滿週歲的男嬰「孫子」，實則一家三代樂不可支的笑顏，栩栩如生在目前。

而在另一個層面，無論古今中外，在男主外女主內的分工模式下，兒子、孫子都是「命根子」，是全家的「寶」全家的「燈」。尤其在目前這個晚婚、晚生、少生的大環境下，這個「千呼萬喚始出來」的「未來主人翁」，不但是許多爺爺、奶奶心目中的「家寶」，更是「國之干城」、「國之寶」。所以，晚了五十歲才升「爺爺」的幻翁（按：古早時，青年人多在十六七八歲結婚，三十六歲就做了爺爺），要以「太陽一出滿天下」的「旭陽」來比擬他的孫子。再說，「旭陽東升」的豪華瑰麗的景象，幻翁在山東半島北端濱海的蓬萊老家時，不知見過多少，那種美的感覺，外人想像不出來，只有他自己味得出來。他把那最美的風景來比擬孫子，亦如蘇東坡把西子比擬西湖。

怪的是，那小孫子的黑水晶般的靈瞳，牡丹花似的笑靨，以及細潤如玉的肌膚，不見幻翁著一字風流，卻掉轉筆去寫爺爺、奶奶，用老花眼去捕捉孫子」的形象。原來，這就是章法，這就是剪裁。剪得迂迴曲折，裁得委婉跌宕。因為，正面寫得再多，都無法出神入化。

而「爺爺的眼睛／彷若向日葵／隨著旭光轉悠巡迴／／奶奶的眼睛／彷若望遠鏡／對著旭光含笑歡迎」這兩個似乎前無古人的鮮活形象，飽含了多少期盼與欣慰。雖說是一隻飛入尋常巷陌人家的乳燕，但在王家老爺爺、老奶奶的眼裡，卻是無價之寶的明珠，值得那「向日葵」忙著去「轉悠」，也值得那「望遠鏡」忙著去對焦、去興奮、去「含笑歡迎」。所以，爺爺的「向日葵」，奶奶的「望遠鏡」，就寫得真神。

這種親情詩，一邊讀著，一邊就彷佛看到了一幅含飴弄孫的快樂圖。畢竟是親身感受，如果是渠未開成時，就難有這種「水到」的風景了。

另外，在這首小詩裡，幻翁的山東土話上場了。那就是「轉悠」一詞。據早年影劇圈聞人丁秉鐩在《國劇名伶軼事》中透露，梨園行話把上演檔期叫「轉兒」。譬如某戲班一星期在某戲院有「兩轉兒」，就是一週演出兩次的意思。又，「轉」有「走一趟」的意思。跟客家話的「轉來」（走了一趟回來）差不多。惟「轉悠」更有蹓躂、閒逛、壓馬路、轉來轉去等意思。三年前，丁文智也在詩中用過，而且加了個

「窮」字，叫「窮轉悠」。「窮」字是廣泛的口頭語，意即「老是」，如「窮忙」、「窮磨姑」、「窮喳呼」、「窮嘀咕」、「窮嚕嗦」等。對以往在那種南腔北調「大雜院」，如軍公教單位辦公室、眷（宿）舍生活過的人，永遠都是悅耳的情話。所以，方言俗語能用得恰到好處，更能讓詩情如虎添翼，生氣蓬勃。

詩以抒情當家，但「情」也要「抒」得恰到好處，過了就猶不及了。此詩要抒的情，是爺爺、奶奶見到孫子時的喜悅之情。幻翁已借「向日葵隨著旭光轉悠巡迴」，及「望遠鏡對著旭光含笑歡迎」這兩個鏡頭表現得恰到好處了。故而及時收筆，只讓「向日葵」和「望遠鏡」的動作，繼續在讀者的腦海裡，作「轉悠巡迴」和「含笑歡迎」的表演。這也是言已盡而意無窮的結尾，妙就妙在這裡。

一〇三年二月二十八日作

一〇三年三月十三日《世界詩壇》253期

論王幻以太陽爲象的兩首詩

一信

一年六班的老詩人王幻，讚他老驥伏櫪也好，說他寶刀未老也好，都言副其實，不算誇張。試問，一位年近九旬的元老詩人，仍主編雙週詩刊《世界詩壇》，現已編十餘年，從未誤刊、脫期，且期期充實，受讀者及詩人讚賞，這不是奇蹟，什麼才是奇蹟？就這一項就令我們這些資深寫詩的老傢伙羨妒交併，何況他還好詩連連出櫃，如他在今年二月發表的一首短詩〈旭光〉，全詩如下：

旭光

孫子是一顆
東升的旭陽

照亮全家人的目光
爺爺的眼睛
彷若向日葵
隨著旭光轉悠巡迴

奶奶的眼睛
彷若望遠鏡
對著旭光含笑歡迎！

（甲午新春初三於晚吟樓）

王幻受戰禍影響，在台結婚很遲，他公子結婚也較晚，所以他於八十七歲才獲一孫，自是高興萬分，欣喜之情發之為詩，因之這首〈旭光〉充滿了歡樂慈愛之情。

詩的第一段，他以「旭陽」為孫子的形象，也將他的喜樂及希望、祝福，都表達於「旭陽」的意涵上，更在最後一行，說出了全家人對孫子的關愛。

第二段他以「向日葵」作自身的形象，表達出他目光如向日葵隨著太陽轉動，一刻也捨不得離開。形象之妙，令人擊案；快樂之情，溢出言表。

第三段再以「望遠鏡」作他太太眼睛的形象，雖走得距離遠了，眼光也捨不得離開，關愛之情，更深一層。

詩的形式是三段九行，每段前兩行各五字，第三行八字，共十八字，三段合計為五十四字，類若曰排句形式，這短短五十四字，卻將他們老夫婦及全家歡樂喜愛之情，表達得淋漓盡致、騰歡笑躍於文詞之中，且充滿了童詩的趣味感，真是難得一見的好詩。

我們再看他以前寫的詩，自是好詩數不勝數，例如他於二〇〇七年所寫的一首短詩〈冬陽〉，全詩如下：

冬陽似酒
醉紅海天一角
白鷗翩若南渡的帆影
迴蕩　迴蕩漂泊的夢

被風乾的落日
依依告別失魄的黃昏
冷眼望之彷彿一面
斗大　斗大淚珠的旗

（丁亥初春手稿）

兩首詩都是以「太陽」為形象或意象，但所表達的內容及情感，情緒卻完全不同；這首兩段八行五十八字的短詩，內涵極其飽和，不但言簡意賅，且言近旨遠，是一首憂國憂民的哀痛詩。這首詩最重要的關鍵字是「旗」字，我們現在分段分行析讀此詩。

詩人以「冬陽似酒／醉紅海天一角」來隱喻現在在海天一角的台灣，是「醉紅」的繁榮現況，再以具象的「白鷗」聯想到「南渡的帆影」歷史，表達出政府由大陸撤退到台灣，許多軍民受離鄉離家的漂泊之苦；更用「被風乾的落日」、「告別失魄的黃昏」形容政府的窘境，詩之最後兩行，表達了詩人的憂國憂民的傷感與痛苦，以「斗大斗大的淚珠……」表示出沉重的傷痛，再以「旗」字顯現全詩的象。這是一首深入淺出的詩。

王幻本名王家文，山東蓬萊人，國立東北大學中文系畢業，美國世界藝術學院榮譽文學博士。文學創作近七十年，曾出版新詩集《情塚》、《盲吟集》、《時光之旅》、《秋風吟》；另有《鄭板橋評傳》、《楊州八怪畫傳》、《屈原與離騷》、《黛眉小傳》、《戚繼光史話》、《晚吟樓詩文集》等多種著作出版，其中尤以一九六七年由台灣商務印書館出版之《鄭板橋評傳》曾再版十餘次，廣受歡迎及好評之程度，可想而知。

並曾先後創辦《桂冠詩刊》、《中國詩刊》，且兼任社長。現任中國詩歌藝術學會常務理事及《世界論壇報》之《世界詩壇》雙週刊主編。

（一〇三年五月十四日《世界詩壇》257期）

十一年祭

——寫在四十五年母親忌辰

沿著小徑，我踯躅前行
信步所至，毫無目的地
我要走出這充滿冷漠的社會
空幻的人間

滿身創痛，背著疾病的包袱
如浮萍般的漂泊在這流年的海上
生聚、死離、永是飄忽不定
為天道的作祟，抑人生的無常

我問悠悠流水，我問莽莽上蒼
上蒼沒有回應，流水淙淙逝去
它們對我爲何緘口不言
　而又行色匆匆

我無心欣賞這春光明媚的風景
我無心讚美那歸帆點點的韻致
西方天邊，炫起一片紅霞
　引燃我遙遠的回憶

整整十一年了，四千〇十五個黑夜
我是在戰亂中渡過的
緘默如蒼天，倥傯若逝水

啊！我失足於永劫的深淵

那些玫瑰色的日子，黃金色的夢
那張和靄的慈顏，諄諄的叮囑
爲何一去不返，從此都消隱
　母親呀！您在那裏……

憶昔最後一面，係在東北海隅
正是雪花飛舞，圍爐取暖的季節
夢幻、泡影、虛無、永恆的過去
　母親呀！您在那裏……

您再不會聽到我親切的呼喚
您再不會關心我生活的冷暖

您遺棄了這個世界
　以及您的孩子

今天，是您十一週年的忌辰
眼泉涸竭，我欲哭無淚的呀
眺望行將西墜的斜陽
　我感覺如此的孤寂

啊母親！您可曾知道
您的孩子，於今不再是孩子了
齒輪不舍晝夜的，向第三十個驛站輾進
　拖著二十九列車

我萬分疲憊，只有鼓起餘勇

走著這條冷漠、坎坷的天涯路
四野是夜色漫漫，闃無一人
　看不見一絲微光

當我站在高地，迎著晚來的海風
不知何時，我能揚帆歸去
匍伏您的腳下，俯吻墓地的小草
拜謁荒蕪的幽居……

補記：這首詩寫於肺病療養院，時年二十九歲；人在病中，思親之情，尤感殷切。

（一〇三年五月二十日於晚吟樓）

祝君快樂

妳是壬午（水馬）年生人
今年六月是妳五十歲的誕辰
半個世紀，乃一條悠長的路
任歲月的手，輕柔地
在妳的鬢髮，灑落白色的雪花

今天我和孩子們
以無限感激的心情
唱起生日之歌，祝你生日快樂
將那朵女兒送的康乃馨

佩於妳的上襟，慰問妳的辛勞

妳是這個家的支柱
也是兒女的守護者
使他們在無憂無慮的生活裡成長
妳的那雙手總是一年到頭的忙碌
所以創造出全家衣食無虞的幸福

請妳不要自尋煩惱的憂傷
這樣會將妳的面孔拉長
請妳也不要無緣無故的思念
這樣會將眉與眉的空間縮短

人生不如意的事十常八九

應該使心境放開，再放開
讓和煦的陽光進來，把一切悒鬱
不愉快的陰影，摒棄在心扉之外
如此才是邁向「快樂」之路

少女素描

一位很正點的女孩
拎著「寂寞的十七歲」
這是人生過程中，既富且貴的年齡
全身充溢青春的氣息

步步生蓮的形容詞
已成過去式，老到千古的牙都老掉了
她是涉著你的眼波，踏著你的脈搏
如彩雲般的輕盈，緩步而來

並端著一臉的微笑，笑出一盤水菓
看她紫葡萄的大眼睛，配上櫻桃小口
小嘴角上掛著翹翹的小菱角
尤其她的臉頰，就像將熟的紅蘋果

這位很正點的女孩
很快地轉過頭去，端著果盤走了
她那窈窕的身影，隨同皎潔的月光
印在千江的水上？印在詩人的心上！

駑馬之望

曾經兩度拒絕你來（註）
而你還是靦顏的來了，來看
這個有情卻是無情的世界

三生修得同船渡，七世因緣爲夫婦
我們結成父子，那要經過幾生幾世？
人類總在緣起與緣滅之間糾纏

記得在你小時候的冬天
穿上藍色的小棉袍，剪個小平頭

胖嘟嘟地，活像圓滾滾的小土豆
那付長相很逗人開懷大笑

人間事委實難以預料：
隨著年齡不斷的增長
你的身材如同野生的碧竹
反而一節一節的拉長，長到一八〇公分

瘦而長的體型，固然有竹的清氣
我但願你是肉食者，長得既胖且壯
即使肉食者俗，又有何妨？

因爲你是龍年出生
有時會笑你又瘦又長，如同「臘腸龍」

可是你似乎缺少中國傳統的龍馬精神
沒有奮躍性，酷肖一條好逸的懶蟲

在老爸老媽心裡
當然期望你是一頭矯健的龍駒
否則，就應腳踏實地的做一匹駑馬
能忍辱負重，盡到成家立業的責任

（註）女兒出生未及週歲，內人又孕，為減少照顧之勞，協議拿掉。首次到婦科動手術，內人忽然心生恐懼，只好作罷；再次又去時，醫師說：「今天吃素，不殺生」，亦無結果而歸。如此拖延時日，致胎兒漸大，為免意外起見；遂改變心意，終至降生。以佛家因果言，實不可思議也。

送棻兒上大學

新莊的輔仁大學
蒙受聖母瑪麗亞的庇佑
教育許多上帝的兒女
妳考取法語系
總算差強人意

希望有一天
妳去到花都
買瓶道地的巴黎名牌
葡萄酒帶回來

讓我陶醉十九世紀的浪漫

四年的時間
轉眼便過去了
妳要把握讀書的機會
莫使大好的青春
悄悄地溜走

四代情

——寄給北京小甜甜

一九九五年長城內外秋高氣爽
妳在襁褓的呵護中與我見面
我捧著北京朝陽門的一束晨光
掛在妳剛滿月的小臉之上
依稀復依稀地我似乎記得
曾經抱過妳這個外孫女的女兒

無情的歲月載動有情的夢影
一眨眼妳已是國小二年級的學生

妳外婆打北京寄來妳的照片
我端詳老半天妳的那雙丹鳳眼

如果我的老眼還不大昏花的話
它的神色倒像妳媽媽的外婆

妳當然對我這位海外的太姥爺
沒有留下印象中的微茫印象

將來妳記得我也好忘記我也好
妳總是綿綿瓜瓞上的小瓜瓞

寫給小楚楚

似曾，似曾相識
因在滋育的骨肉裡
流著相同血脈及臍帶呼吸
所以妳我相見相親
狀若乳燕呢喃宜人

莫問緣起幾生幾世
當我七九初度，居然
看見妳的小臉，也居然
看見闊別十年的北京城

一株金色的向日葵
朝著天安門廣場的
紅大陽笑綻璀璨的晨輝

妳是我珍愛的七美圖中
最爲嬌小活潑的小奶娃
雖僅僅十八個月大
可是天賦精靈乖巧
高興時便手舞足蹈
演唱左左右右、前前後後
之兒歌，逗得
太姥爺開懷大笑

楚楚，楚楚動人

爲妳做了最寫實的註腳
將來妳如果見到我倆的合照
能否悄悄地悄悄喚醒：
銀髮稚顏相依相偎的夢境？

（乙酉立秋日於台北晚吟樓）

註：我的大女兒生了兩們女兒，這兩個女兒又生了兩個女兒。我的小女兒也生了一個女兒，如是合成《七美圖》的畫面。

九十四年八月二十日於晚吟樓

愛的小詩

——為外孫女小琪琪滿月而作

看嬰兒的臉
「吹彈得破」的意象
不由自主地升起
名人的詞句

看奶娃的眼
像夜空的星星
懸在上弦的新月之下
閃著真善美的光影

35　愛的小詩

看赤子的心
無善無惡一片純真
飢時啼睏時睡
婉約是斂翅的小天使

二〇〇二年五月十一日

愛的心曲

——寫給半周歲的外孫女小琪琪

飲妳的酒渦
讓人醉在醉裡
這張吹彈得破的小臉
只可輕輕地香一口
才不會留下手觸的指痕

睇妳的童眸
這對黑白分明的大眼睛
水靈靈地流露

似懂非懂的光采
似在要人抱一抱的期待

親妳的腳丫
這雙未沾染塵泥
胖胖圓圓的天足
彷若又白又嫩的蓮藕
仍帶著濯水荷塘的清香

壬午年重陽節

愛的行程

細細霏霏的雨絲
連綿不斷
自新店以迄新竹

我禁足十年
未曾跨出鱗次櫛比
台北縣市的版圖

今天我拎著
滿懷愛的行程

去探望剛離巢的乳燕
雙層巴士
飛馳於高速公路
如一頭巨鯨衝浪而行
直達新竹縣府車站
小琪琪牽著媽咪的手
已早來佇候
她披一件粉彩的雨衣
恍若花卉畫卷
著色生輝的小蓓蕾

二〇〇四年十月十八日寫於「縣府之星」大廈十一樓女兒新居

寫給小琪琪

妳住在新竹那一邊
我住在新店這一邊
一條剪不斷的臍帶線路
藉由耳機傳遞
生活的點滴

我乃七十多的老者
妳方兩歲多的幼童
小娃兒婉轉小鸚鵡學舌
妳反覆的說：

「我在新竹看不見爺爺」
如是溫馨的呼喚
我只好駕起晨旭去到新竹
妳把情緒寫在臉上
欣然笑春風
怫然淚秋雨

新世紀的寵兒
電視卡通促進超齡的聰穎
祝福愛在心窩的小孫女
平安、快樂
健康、成長

二〇〇四年十二月五日於晚吟樓

溫馨的童話

——寄給新竹奇果幼稚園小班謝子琪

爺爺：
我好想到新店去照顧你
從新竹打的電話中
傳來溫馨的童言童語

我要把這句話
銘在心窩深處
因出自幼教小班生之口
真令人難以置信

期望妳將來
胸懷老老幼幼的大愛
照顧須要照顧的人
莫限於親其所親！

二〇〇五年十月廿六日於台北晚吟樓

觀小琪琪化裝晚會

當掌聲響起
一群化裝兔寶寶的
小星星閃亮在
新竹初夏的夜空

站在台上的小琪琪
伴隨樂聲鼓聲
舉手投足展現一片
天真活潑的畫面

45　觀小琪琪化裝晚會

望龍望鳳的家長
以數位相機
采采色色的拍攝
小娃們繽紛之第一步

二〇〇六年五月二十日於晚吟樓

題小琪琪的畫

你的畫作
不加雕飾
流露一片天真的光彩

看這幅娃兒的臉
宛若影像你的面型
胖嘟嘟的十分可愛可親

那兩只眼睛
以抽象的筆法畫出

47　題小琪琪的畫

自我眯笑瞪視的心境
年方五歲的小豆苗
不要放棄衷愛的興趣
快樂開拓才藝的園地

畫吧！盡情的畫
唯有彩繪的童夢
永不隨著歲月而褪色！

二〇〇七年七月十日於晚吟樓

後記：就讀新竹「小小世界幼稚園」中班的小外孫女謝子琪，自三、四歲起，即會拿筆塗抹畫畫。
這幅畫作，頗具抽象風格及想像空間；茲題小詩，以資存念。

除夕風雨燕歸來

——為謝子琪外孫女寫照

妳是王謝堂前
小燕子的化身？
紮起兩條烏溜的髮辮
彷彿剪剪雙釵的風采

台北的天空陰雨連綿
自舊年滴到新年
妳冒著濕冷的氣候
由新竹飛回新店

妳帶來了春的喜訊
致溫暖了冬的寒流
又軟語呢喃
似在祈許：新歲新願

我的小燕子
妳須練好飛翔的翅膀
更要畫好行旅的藍圖
何懼於風風雨雨！

戊子新春元旦於晚吟樓

愛的生日賀卡

妳送給——
我的精美賀卡
一片親情，無限溫馨
令我詩心大悅

在賀卡左上方
畫個頭頂光禿的老者
他的造型、彷彿
和我似曾相識

妳年方八歲
能以中英文祝賀
我健康長壽，印證
情如枝葉，愛如瓜瓞

乖巧貼心的女娃
妳的賀卡是一份
最珍貴的禮物，應予
亮在書房晨夕欣賞！

二〇〇九年端午節於晚吟樓

寫給小晨晨

光著屁股
騎在十二生肖牛背
降臨斯土

尚在襁褓
便抓著大小種球類
愛不釋手

及至學步
更對運球投籃動作

身手俐落
瞻望未來
將是體壇一員健將
為國爭光！

註：小外甥謝友晨，己丑牛年生人，對於球類，情有獨鍾。

一〇一年三月三日於晚吟樓
一〇一年三月十五日《世界詩壇》211期

迎小龍年太歲

掬誠歡迎——
御駕乃新歲之君
紆降寒舍升座鎮宅

蛇乃龍的傳人
乘雲飛天蟄眠入地
爲山民崇拜的神靈

一龍一蛇若枝若葉
殷盼歲月相期

盛夏蟬聲報喜！

後記：我兒屬龍，將於今夏生個蛇孫，作此小令，籍抒情懷。

民國一〇二年一月十八日於晚吟樓

含飴之樂

——粽子飄香喜弄孫

五月的田野，是
麥穗耀金收成的季節
你浴著芒種的熱浪
並伴著夏蟬的啼聲
自來處怡然而來

來過蛇年的端午
來看龍舟的競渡
來紀念愛國的詩人

來聆聽離騷的憂思
來觀賞哪寶島的粽子

咱們祖孫一老一幼
年齡差距八十有六
前世今生的情緣註定
初次見面親吻懷抱
喜上眉梢開顏含笑！

後記：癸巳端午前六日（六月六日），喜添一孫，賦此詩章，以誌情懷。

二〇一三年六月九日於晚吟樓
一〇二年六月廿七日《世界詩壇》239期

祖孫之愛

——望你長大，志在四方

我是老王「爺」
你是小王「孫」
爺爺對孫子內心充溢
百看不厭的深深愛意

你來到人間六十天
體重已增至六公斤
我想抱你久一些
竟有力不從心的感覺

端詳你的小胖臉
彷若「國」字型
四四方方，望你長大
抱負志在四方的理想

你不時揮舞小拳頭
一付氣昂昂的模樣
若說人生優勝在拚鬥
初生之犢，何懼之有！

二〇一三年八月十一日於晚吟樓

寫給我的小天使

——七夕情人節聯想

今天是——
你來到這個花花世界
欣渡第一個七夕情人節
合家團團圓圓些
　美美滿滿些

我忽自望文聯想
台北木柵動物園
哪團團圓圓大貓熊

也生了一個小圓仔
她的嬌態迷得人人喜愛

只能遠看不能近撫的
小貓熊何如我可愛的
小孫子乃雙子星座的
小天使既可以親親抱抱
　又可以逗逗笑笑

二〇一三年七夕情人節於晚吟樓
一〇二年九月五日《世界詩壇》243期

咱們都是一家人

大陸的北京
有我的後人
叫我爸爸姥爺太姥爺

臺灣的台北
也有我的子孫
也叫我爸爸爺爺外公

誇耀「換了人間」
祇是換了另一塊招牌

永遠換不了親情血脈
無論大陸和臺灣
我的苗裔有相同基因
咱們都是一家人！

一〇二年十月二十日於晚吟樓
一〇二年十月卅一日《世界詩壇》246期

後記：筆者在兩岸有子孫、外曾孫十人，三男七女（加上配偶全家共十七人），今年外曾孫女魏甜甜，考取北京工商大學，爰筆致賀。

旭光

孫子是一顆
東升的旭陽
照亮全家人的目光

爺爺的眼睛
彷若向日葵
隨著旭光轉悠巡迴

奶奶的眼睛
彷若望遠鏡

對著旭光含笑歡迎！

甲午新春初三於晚吟樓
二〇一四年二月二十日於《世界詩壇》252期

我的子孫也是詩人

有位名詩人中年之後江郎才盡，詩弦瘖啞；寫不出作品，便借用「一日為陸戰隊，一生為陸戰隊」的名詞；說成「一日為詩人，一生為詩人」，俾自慰一番。依此法則，我的子孫也可稱為「詩人」了。我的兒子王樹嵩，讀小四時，寫了一首「夢」詩，登在該校的刊物上。茲抄錄如下：

夢

夢，
你真調皮。
你喜時，

讓我到卡通世界去玩；
你怒時，
把我帶進閻羅殿；
你哀時，
把我引進寂寞的空間；
你樂時，
讓我飛上三十三層青天；
夢，
總之你千變萬化；
不過我希望你不要再這麼調皮。

這首有意有象，有版有眼，而且經過「喜怒哀樂」四重轉折，表達四種心中意象，也頗可觀。國小四年級的兒童，當然沒讀過詩的理論瞭解意象不意象、轉折不轉折的法則，只是把心中的意念，隨手寫出來而已。真應了宋代大詩人陸放翁的話：「文章本天成，妙手偶得之」的名言。

我的兒子衹寫了這一首詩，後來讀研究所，學的是建築工程，此後再也未寫出第二首詩了。大畫家齊白石有方閑章「平生辛苦作詞人」，筆者深有同感。

據記載：唐代苦吟詩人賈島每年除夕，輒取一歲所作，置几上，焚香再拜，酹酒祝日：「此吾終年苦心也。」痛飲長謠而罷。臨死之日，家無一錢，惟病驢古琴而已。除非有賈島的這種窮且益堅之精神，最好不要作詩人。

轉過話題，現在來說我的外孫女謝子琪，她在小四時，寫了幾行字句給我看：

我從窗口
望出去，看見

一幅風景畫
綠油油的草
藍藍的天
感動了我的心！

我看過之後，覺得有些詩的韻味，便加上「窗外的風景」標題，刊在二〇一一年六月二日《世界詩壇》一九八期，以資鼓勵。

這首小詩乃寫實之作，緣我住在新店郊區，青潭溪畔；窗外青山碧水，草木萋萋，仿若一幅山水畫。由兒童的赤子之心，流露出來的情愫，倍感親切。至於她將來是否從事文藝創作？則未可知了。

近來讀了一些兒童和中學生的詩，如山東「超然」詩刊主編柳笛編輯的《春芽兒童詩苑》，暨台灣女詩人莊雲惠主編《青春詩章》，每期發表在《葡萄園詩刊》，這些作品，非常清新，極富可讀性。

王國維《人間詞話》云：「客觀的詩人不可不多閱世，閱世愈深則材料愈豐富愈變化……，主觀的詩人不必多閱世，閱世愈淺則情感愈真。」是故兒童和學生當屬後者。就由於他們未被世俗污染真情的作品，更令讀者欣賞。

二〇一三年二月十九日於晚吟樓
一〇二年三月十四日《世界詩壇》233期

夢
夢，
你真調皮。
你喜時，
讓我到卡通世界去玩；
你怒時，
把我帶進閻羅殿；
你哀時，
把我引進寂寞的空間；
你樂時，
讓我飛上了三十三層青天；
夢，
總之你千變萬化；
不過我希望你不要再這麼調皮。
四、1　王樹勳
—42—

出版後記

——一首詩如一顆舍利

年輪日增，詩情日減，體力日衰。

所幸尚未失智，尚能校對；趁此光景，將歷年發表的作品，加以整理，陸續結集出版，以了心事，自得解脫。

修佛學禪的人，以身後燒出舍利，俾證修行的成就。一個從事文學寫詩的人，則以作品以見情性。是故一首詩如一顆舍利，比喻是否有當？愚意認為，所費的心血，則無二致。

唐代著名的苦吟詩人賈島，有段軼事，值得傳述：「每至除夕，輒取一歲所作，置几上，焚香再拜，酹酒祝曰：『此吾終年苦心也。』痛飲長謠而罷。」這段撰寫，非常傳神；由此可見，詩人作家對於自己的作品，執著的程度，古今皆然。

這本小詩集，皆為至親至愛的意中人所寫。其中除了懷念　先慈的「十一年祭」，係二十九歲所作之外，餘皆六十歲之後的作品。時光如射出的箭永不回頭。我為北京外曾孫女魏甜甜，寫的「四代情」，其時她尚在襁褓，現今已是大學二年級的學生。

至於在台灣，我為外孫女謝子琪，寫了九首「愛的小詩」，轉瞬間，她已自幼稚園進入國中。放眼分枝散葉的綿綿瓜瓞，足以告慰垂老心境。

人生難得一二知音。

在此非常感謝三月詩會同仁老友，謝輝煌兄及一信兄，先後為我寫的兩篇詩評，頗多垂青讚許之詞。茲將其大作，依刊出的次序，排在本書的前頁，俾雅文共賞。另本書的出版，承蒙文史哲出版社負責人彭正雄兄付出很多助力，謹致謝忱。

（一〇三年五月二十日於台北晚吟樓）